AF434370

MASCATRAPOS Y el Sol

INÉS CAMPOS JIMÉNEZ

Colección Montaña Mágica

Título original de la obra: MASCATRAPOS Y EL SOL
Primera edición: 1994
Segunda edición: 1997
Reimpresión: 2018

© Inés Campos Jiménez
© Cooperativa Editorial Magisterio
Diagonal 36 bis # 20-70 (Parkway la Soledad) PBX: 3383605
Bogotá, D.C., Colombia.
www.magisterio.com.co
info@magisterio.com.co

Dirección General: Alfredo Ayarza Bastidas
Dirección Editorial: Pío Fernando Gaona Pinzón

Ilustraciones internas y de carátula: Luis Aurelio Durán

ISBN Libro: 978.958-20-0184-1

A Óscar, pájaro de cristal, luz e inspiración.
A mi esposo, Víctor Jiménez, mi guía y apoyo.
A mis hijos Yanira, César y Camilo,
mi equipo insustituíble

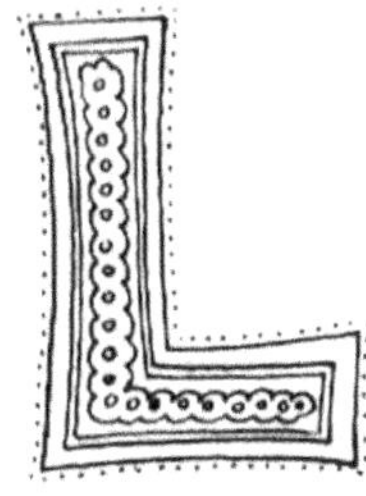

MASCATRAPOS
Y EL SOL

Lo crearon los niños cuando imitaban la conducta de los mayores. Ellos habían visto en las otras huertas espantapájaros hechos de ropa vieja. Por eso,

una mañana radiante de sol, decidieron armar su propio espantapájaros para evitar que los pajaritos acabaran con las cerezas primero que ellos.

En la mitad de la huerta colocaron una rama de pino que aún conservaba su aroma. Luego entre risas y travesuras fue tomando forma un espantapájaros nada parecido a los de los alrededores. Éste estaba hecho por las manos de los niños y con la ropa de los niños. A su camisa le faltaban las puntas del cuello y sólo tenía un botón. El pantalón ostentaba con orgullo remiendos de telas de vivos colores.

Por último apareció la cabeza. A una vieja pelota, que se ufanaba de haber recorrido mucho mundo haciendo piruetas, le colocaron encima el sombrero del abuelito. Aunque en mal estado, entre tos y tos podía contar innumerables cuentos que había escuchado a lo largo de sus noventa años. La única desventaja del espantapájaros era

que no inspiraba susto a los pajaritos. Bueno, de todas maneras ya estaba hecho y no pensaban desbaratarlo. Luego de la escuela volverían para verlo, ahora se hacía tarde. Corrieron dejando solo al espantapájaros.

Poco a poco y con el descaro que caracteriza a los gorriones y jilgueros, éstos se fueron acercando al nuevo habitante de la huerta. Volaron y se posaron en los brazos y sobre el sombrero curioseando por todas partes. Reconocieron la pelota que muchas

veces había jugado con ellos apostando quién llegaría más alto. También, al sombrero, que en otros tiempos y ayudado por el viento se había escapado de la cabeza del abuelo para ensayar clases de vuelo.

Hubo risas y gorjeos cuando el espantapájaros les contó el propósito de su presencia allí.

Los niños regresaron de la escuela con su cargamento de palabras nuevas, bailando

entre los números de sumas y restas. El sol formaba sombras con sus cuerpos y ellos jugaban a perseguirlas o a escaparse. Cuando se fueron acercando, descubrieron con sorpresa que había más pájaros que nunca en la huerta. Habían llegado de todas partes para escuchar las historias del sombrero.

Óscar y Camilo se fueron acercando lentamente con el fin de asustar a los pájaros. Pero a medida que se acercaban

escuchaban una dulce voz proveniente del espantapájaros, a quien los pájaros habían bautizado llamándolo Mascatrapos, puesto que las rodillas y los codos de su cuerpo, así como las puntas del cuello de la camisa, parecían haber sido mascadas.

Los niños terminaron sentándose y escucharon con atención.

El sol se cansó de esperar que ellos retornaran al juego con las sombras, y sin interrumpirlos decidió irse a dormir. Llamó a la luna para que no les faltara luz a esos traviesos niños, por los cuales sentía especial cariño. Estos no se dieron cuenta del cambio y continuaron escuchando el cuento que narraba el sombrero, ayudado a ratos por la pelota, quien pretendía saberlo todo.

De pronto, la rama de pino que servía de esqueleto a Mascatrapos se sacudió y se escuchó un ronquido. Parecía alguien disgustado por haber sido interrumpido en lo mejor de sus sueños. Los niños dieron un brinco y los pájaros echaron a volar en todas direcciones. De entre las ramas apareció un ser pequeñito, vestido con un traje hecho de musgo, una pepita de eucalipto como gorra y botas de piel de ratón. Su nariz era tan grande que no podía pasar desapercibida. Tenía los ojos tan torcidos que podía ver dos veces cuanto miraba. Era el duende guardián del gran pino al que pertenecía la rama que los niños habían plantado allí. Por estar entregado a un sueño donde podía

comer toda clase de golosinas, no se había dado cuenta de todo lo que los niños habían hecho desde la mañana. Se desperezó y la curiosidad de querer saber lo que pasaba pudo más que el mal genio y la precaución que debía tener para no dejarse ver. Ahora fue él quien dio tremendo salto cuando notó que estaba encaramado en el hombro de un niño con cabeza grande y con sombrero de viejo.

El espantapájaros se echó a reír viendo la cara de sorpresa del duende y las piruetas que hizo al caer al suelo. Para el duende este ser no le era del todo desconocido, muchas veces mientras dormía entre la hierba y las flores, ya el sombrero que ensayaba tímidos vuelos, ya la pelota, a quien se le dificultaba quedarse quieta, habían ido a parar justo a donde él se encontraba saboreando en sueños una gigante colombina de caramelo. Al ser interrumpido por cualquiera de los

dos, se despertaba malhumorado y les decía unas cuantas cosas. El sombrero le hacía una venia ofreciendo disculpas. En cambio la pelota trataba de rebotar con mayor fuerza sobre él; por eso ella y el duende no eran muy buenos amigos aunque con el tiempo se habían acostumbrado a discutir y se hacían falta mutuamente. El resto del cuerpo de Mascatrapos tampoco le era del todo desconocido. Muchas veces, cuando empezaba a desperezarse, había visto a uno de los niños pasar de vuelta de la escuela, vestido con los pantalones y la camisa que ahora lucía grandes huecos en las rodillas y los codos. Cuando terminó de reconocer todas las partes del espantapájaros, éste volvió a reír amistosamente. Luego le contó al duende cómo ese día había nacido de las manos de los niños. Mientras Mascatrapos narraba su creación, los niños y los pájaros se fueron acercando poco a poco entrando en confianza con el duende, quien dijo lla-

marse Potocho. Potocho resultó ser muy divertido aunque dado a las rabietas y al mal genio. La reunión terminó por un grito que provenía de la casa de los niños; era mamá quien llamaba a comer y a dormir. De muchos nidos también hubo llamados y gorjeos.

Al otro día, cuando el sol aún no se levantaba, los niños ya estaban frente a Mascatrapos queriendo saber el final del cuento, interrumpido por la aparición de Potocho.

Era la primera vez que la mamá de Óscar y Camilo no habían tenido que reñirles para que abandonaran el fortín que con sus osos, almohadas y cobijas hacían en la cama antes de acostarse. Esta vez fue mamá quien despertó con la algarabía de muchos pájaros y la risa de los niños. Extrañada miró por la ventana. Lo mismo hacía en ese momento el sol, quien despertaba cada mañana a los niños haciéndoles cosquillas en las narices. Inmediatamente se dio cuenta que se olvida-

rían, como muchas otras veces, del juego de las sombras. Ya había sucedido en anteriores ocasiones. Ya fuera por un pájaro pichón, una roja ardilla, o un sapo verde y gordo. O como la vez que a la escuela llegó un viejito vendiendo panzudos trompos que bailaban sin parar, o cuando una alegre navidad un tío trajo la pelota. Los niños distraían su atención en esas ocasiones, olvidándose por algún tiempo de su amigo el sol. Sin embargo volvían a jugar con él cuando pasaba la

novedad, pero algo le advertía al sol que esta vez la distracción iba a durar largo tiempo e inició su viaje solo. Así es que dio sus primeras volteretas para entrar en calor, con resignación reconoció que sentía envidia de aquel ridículo muñeco que le robaba la atención de los niños.

Ese día, escucharon los divertidos cuentos del sombrero que los transportaban a mundos desconocidos para ellos. Los pájaros y la pelota, al igual que el duende, que ese día no quiso dormir, ya habían paseado por allí. Cuentos que hablaban de pájaros tornasolados con nidos de cristal, pelotas hechas de nubes y árboles que daban como frutos helados de vainilla y chocolate. Mundos donde el viento formaba escaleras para subir a jugar con el bigote del sol y las trenzas de la luna.

En la tarde, la pelota cansada de tanta quietud, quiso bajarse de la rama de pino, quería rebotar sobre la cabeza del duende, quien se alegraba al verla allí impedida para saltar. Pero ella se las ingenió. A pesar del hueco que le habían hecho, y para sorpresa y disgusto de Potocho, saltó sobre él despeinándolo y haciéndolo caer hacia atrás. Este se levantó rezongando su discurso de regaños, pero los niños lo impidieron con su risa. Empezaron a correr tras la pelota que rebotaba cada vez en una cabeza diferente. El sombrero no se quedó atrás y para poder ir cómodo se encaramó sobre la cabeza de Potocho, quien a cada paso se caía porque el sombrero no le permitía ver.

Entre risas y saltos, caídas y bromas, pasó la tarde. El sol se fue a dormir malhumorado y salió la luna, luego de haber dormido cubierta por un abrigo hecho de nubes de algodón. Estaba contenta de encontrarse nuevamente con los pájaros, los niños, el duende y Mascatrapos. A la pelota le gustó ser la cabeza del espantapájaros y de un salto lleno de maromas, se ubicó. El sombrero, cansado de reír, viendo tastabillar a Potocho, voló y se posó sobre la pelota

entregándose inmediatamente al sueño. Los niños tuvieron que ser llevados en brazos hasta la cama.

Fueron muchos los días que compartieron nuestros amigos, pero pasaron pronto.

Una mañana todo amaneció distinto. El sol había estado con su mal carácter, trabajando por la destrucción de Mascatrapos. De la ropa que al principio era parte de su cuerpo de niño, sólo quedaban jirones ya sin color. El sombrero había iniciado un largo vuelo, acompañado por uno de los

vientos que pasaba por allí una vez al año.
La pelota, como siempre traviesa, una noche
decidió no saltar encima de la rama sino
dormir sobre la hierba. Pero un hombre que
pasaba le dio tantos puntapiés que terminó
por alejarla de la huerta. Su último salto la
llevó al fondo del río, por el hueco abierto
en su barriga, que hasta ahora había estado
llena de unas locas ganas de saltar, le entró
tanta agua que su peso no la dejó salir más.

Los pájaros también volaron hacia nuevos lugares cuando los padres de Óscar y Camilo, reemplazaron a Mascatrapos por otro espantapájaros.

El duende también partió en busca de niños que creyeran en su existencia.

Camilo y Óscar ahora pasaban la mayor parte del tiempo entregados a la lectura de libros, buscando el porqué de las cosas.

El sol que creyó haber triunfado sobre Mascatrapos destruyéndolo, se dio cuenta tarde de que los niños, ya ni siquiera por distracción, miraban hacia arriba. Se habían olvidado de la sombra y de los juegos.

La Magia
de Mariquita

e conocieron una tarde después de Navidad cuando dos niñas se reunieron a jugar con ellos en una banca del parque. Ella era una hermosa muñeca de trapo con los ojos grandes, las mejillas sonrosadas y las trenzas largas del color del oro. Su dueña la bautizó con el nombre de Trapitos. Él, tenía toda la apariencia de un gracioso payasito con una vistosa nariz redonda y roja y una sonrisa imborrable. Su pantalón era bombacho, de tirantas y lunares tan rojos como su nariz. En su gorro colgaban varios cascabeles por lo que la niña decidió llamarlo Cascabel. Se comunicaban con el lenguaje que utilizan los

muñecos, y pasaban las tardes muy felices junto a las niñas, quienes los incluían en sus juegos.

Todo iba muy bien hasta una mañana en que Lolita, la niña con quien vivía Cascabel, dejó a éste sobre la cama olvidándose de cerrar la puerta. Chorolo, el perro de la casa que no quería al payasito, aprovechó la ocasión. Desde que la niña tenía a Cascabel ya no se acordaba del perro y ahora tenía que dormir en el suelo. Desde que lo

conoció quería arrancarle la nariz, así ya
no sería tan gracioso y la niña se olvidaría
de él. Entró a la habitación y desprendió de
su cara la nariz. Fue tan fácil que aún tuvo
tiempo para arrancar uno de los ojos verdes
del payaso.

Por la tarde, cuando las dos amigas
se reunieron, Lolita lloraba desconsolada-
mente por la desgracia de su payaso. Trapitos consoló a Cascabel asegurándole que la

falta de la nariz y el ojo le daban un toque romántico a su apariencia.

Una de tantas veces en que las niñas se reunieron para jugar, empezó a llover sorpresivamente. Ellas sólo pensaron en no mojarse y echaron a correr hacia sus casas. Todos los muñecos quedaron abandonados sobre la banca del parque.

Trapitos y Cascabel sentían cómo sus cuerpos eran cada vez más pesados. Ella se alegraba de que en la misma banca estuviera el payasito a quien quería tanto. Empezaban

a sostener una muy húmeda conversación, cuando fueron interrumpidos por Chorolo, el perro enemigo de Cascabel.

Chorolo había descubierto que el payaso estaba tiernamente enamorado de Trapitos, y para fastidiarlo agarró a la muñeca de las trenzas arrastrándola lejos de la banca.

Cascabel no sabía qué hacer. Empezó a llamar a Lolita a gritos pero fue inútil. No paró de gritar hasta que oyó el zumbido de las alas de una Mariquita que aterrizaba

junto a él sobre la banca. Ésta le preguntó qué pasaba y Cascabel la enteró de lo sucedido. Mariquita sacudió sobre el cuerpo del payasito sus pequeñas alas de seda, de las cuales se desprendió un polvo brillante que dio movimiento a las piernas y brazos de Cascabel. Éste dio un salto y corrió hacia donde el perro había huído. Rogaba por llegar a tiempo junto a Trapitos, antes que Chorolo le arrancara las trenzas. La muñeca lloraba, imaginando lo que sería de ella si

nadie la rescataba de aquel malvado perro.

Cuál no sería la sorpresa de Trapitos cuando vio llegar a Cascabel dispuesto a rescatarla. Cascabel sabía por las niñas que los perros les temen a las piedras. Por el camino recogió dos, como para asustar a cualquier perro. Apenas llegó cerca a Chorolo lanzó la primera, pegándole en la cabeza. Éste agarró nuevamente a Trapitos entre los dientes y corrió esquivando los golpes. Cascabel, desesperado, corría tras

el perro tirando cuanta piedra encontraba en el camino. El perro soltó la muñeca y cojeando se alejó de allí. No quería seguir recibiendo golpes.

Cascabel fue hasta donde estaba Trapitos y la recogió, acomodándole la ropa y sus hermosas trenzas, contento al darse cuenta de que Chorolo no la había maltratado demasiado.

Mariquita llegó a donde estaban los dos. Regaló a la pálida muñeca del polvito de sus alas. En ese momento Trapitos pudo erguirse y recobró el color de sus mejillas. Los dos muñecos, agarrados de las manos y acompañados por Mariquita, empezaron a caminar en busca de los últimos rayos del sol. Querían que éste con su calor secara y calentara sus cuerpos entrapados. Caminaron hasta salir del parque adentrándose en un bosque cercano.

Avanzaron por los senderos del bosque, encontrando a su paso un montón de cosas abandonadas por los hombres. Entre éstas, había un caballito de madera al cual le faltaban las orejas. El caballito, que dijo llamarse Pecas, los saludó alegrándose de recibir compañía. Junto al caballo, cubierto por una manta agujerada por el uso, había un osito que despertaba en ese momento. El osito se desperezó y preguntó a Pecas con quién hablaba. Éste le presentó a la pareja de muñecos que acababa de llegar. Felposito los saludó alegremente. Su pancita se había descosido y por allí se había escapado todo

el algodón que le daba la apariencia de un osito gordinflón. Aún conservaba la alegría que caracteriza a los osos de felpa.

Pecas llevaba tanto tiempo tirado en el basurero, que las lluvias y la humedad hicieron nacer por todo su cuerpo de madera una gruesa capa de musgo que cubría sus ojos de paño de colores. En su memoria de pino tenía presente la noche de Navidad en que, envuelto en papel de regalo, fue llevado desde el almacén hasta la casa de su dueño. Lo

dejaron junto a un hermoso árbol con frutos de brillantes colores, en medio de carritos, pelotas, rifles y muñecas. Entre un enjambre de luciérnagas posadas en las ramas del árbol, conversó y rió con los otros muñecos. A media noche los niños de la casa llegaron en tropel provocando algarabía. Rompieron el papel y las cajas dejando al descubierto los regalos. Cada niño se apoderó de un juguete y durmieron felices.

Esa noche se conocieron Pecas y Felposito. Desde ese momento fueron amigos inseparables. Compartieron la misma caja de juguetes en las noches, las rabietas de los niños que jugaban con ellos y al final la misma suerte los llevó al botadero. Felposito mantuvo la alegría gracias a sus bromas. El caballito de palo aceptó con resignación la falta de sus orejas. Cuando el musgo cubrió sus ojos, Felposito era quien contaba a Pecas todo cuanto sucedía a su alrededor.

El oso le describió la apariencia de los recién llegados. Trapitos sintió lástima por la situación del caballo, se acercó a éste, y con sus manos de tela limpió el musgo de sus ojos. Mariquita creyó justo ofrecer su ayuda a los dos viejos amigos y con un ligero aleteo les dio movimiento. Todos estaban contentos de poder moverse. Pecas miraba para todas partes reconociendo a Felposito

y daba saltos de alegría. Hablaron, jugaron y rieron el resto de la tarde hasta que el frío inmovilizó sus pequeños cuerpos.

Al amanecer, con el canto de los pájaros y el zumbar de las abejas, reiniciaron la conversación. Todos debían salir del bosque en busca del calor del sol que los secaría. Si se quedaban allí lo más seguro era que murieran de frío y tristeza. Además, el payaso no estaba dispuesto a renunciar a la compañía de Trapitos. Mariquita les dijo que entre

más pronto encontraran la luz del sol, más posibilidades tendrían de salvarse.

Pecas ofreció llevar en sus lomos a Trapitos, quien aún no se restablecía del maltrato de su pequeño cuerpo. Cascabel y Felposito irían junto a ellos, mientras Mariquita volaba al frente indicándoles el camino. Buscaron el claro del bosque donde varios rayos del sol jugaban con las flores que allí crecían.

Caminaron todo el día y parte de la noche hasta llegar allí. Lo único que ahora tenían que esperar era otro amanecer y con él los rayos del sol.

Cuando amaneció, Trapitos quedó deslumbrada frente a la gran cantidad de flores que alegraban ese pequeño espacio entre los árboles. Las mariposas y las abejas acudían presurosas tras el dulce almíbar que aquellos les ofrecían. Cascabel le regaló un hermoso ramo de margaritas y alhelíes que hizo para

ella. Sus mejillas estaban más sonrosadas que nunca.

Pecas ensayó comer de la verde hierba que crecía allí y se sintió feliz cuando su hocico empezó a moverse, saboreando tan agradable jugo. Felposito recordó el sueño que siempre acarició su imaginación de algodón; poder embadurnar su hocico con la miel de las ruidosas abejas. Mariquita ofreció acompañarlo hasta el otro lado del bosque donde vivía una colonia de abejas

llamadas angelitas, amigas de ella. Felposito iba casi corriendo tras de Mariquita. Las abejas muy amistosas dieron al oso un dedal lleno de dulce líquido. Éste, feliz, lamió con deleite. Sintió cómo su pancita se llenaba, remendando el agujero por donde se había salido el algodón.

Los rayos del sol se hicieron buenos amigos de los muñecos y al caer la tarde ya habían secado el agua de sus pequeños cuerpos. Pecas se sentía más ligero. Su cuerpo de madera era más liviano, pudo saltar, correr y hacer piruetas en el aire. Cascabel encontró un pimpón de color rojo y lo colocó sobre su cara, reemplazando la nariz que días antes Chorolo le arrancara. Con un botón verde que Trapitos pegó, completó el par de ojos. Por último se miró en una gota de rocío y quedó satisfecho de su nueva apariencia. Trapitos no se quedó atrás y con un cardo peinó y rehizo sus hermosas trenzas color de oro.

Todos estaban felices, ya no se sentían solos, tenían a Mariquita, quien los protegía. Ella los guió hasta el otro lado del bosque donde, en una pequeña casa, vivía una niña que siempre había esperado recibir juguetes de Navidad, pero sus padres eran tan pobres que no podían comprar nada para ella. Apenas conseguían lo suficiente para alimentarla y protegerla del frío.

Cuando los juguetes llegaron al jardín de la casita, guiados por Mariquita,

encontraron a Mariana sacando agua de un profundo pozo para regar las plantas que sembraba. La muñeca y el payaso conservaban su naturaleza de trapo, pero el oso y el caballo se habían convertido en animales de verdad, sólo que mantenían sus reducidos tamaños.

Mariana lanzó gritos de alegría cuando vio avanzar hacia ella el caballo, que llevaba en sus lomos a la muñeca de trapo más hermosa que hubiera visto, y al payaso que, cansado de caminar, había pedido a Pecas cargarlo un ratito. Felposito dio una pirueta cayendo en los brazos de la niña. Le gustaba tanto que lo acariciaran y lo mimaran que no pudo contenerse cuando vio a la niña.

Trapitos y Cascabel quisieron hablar con la niña. Mariquita aceptó encantada, pues sabía que la niña sería feliz si tenía con quien hablar y a quien contarle sus sueños.

La niña agradeció a su amiga, a Mariquita, tan bello regalo dándole en la palma de su mano una gota de agua azucarada que el pequeño insecto saboreó contento.

Mariana hizo a Trapitos y a Cascabel nuevas ropas, organizó camas para que durmieran descansando de un viaje tan lleno de aventuras. Cortó sus mejores flores del jardín para Pecas, quien las comió con mucho apetito, mientras Felposito se adueñaba del mejor rincón de la cama de la niña.

Todos vivieron felices a orillas del bosque compartiendo las novedades que cada día traía la niña. Trapitos feliz junto a Cascabel, quien lucía un parche en un ojo semejando un pirata; Felposito engolosinado con la miel que había aprendido a sacar de los panales que descubría en el bosque, y Pecas, saltando, corriendo y comiendo

hierba tierna, y una que otra margarita que robaba del jardín.

Mariquita siguió volando, cruzando el bosque en busca de quien mereciera el mágico polvo de sus alas de seda. Los traviesos rayos del sol se acostumbraron a visitar todas las mañanas a sus divertidos amigos, alegrando y calentando sus caritas felices.

La Brisa del Mar y la Brisa de la Montaña

n las estribaciones de una montaña con tonalidades azules y con caperuza de blanca nieve, cuelga una casa que sonríe con sus ventanas adornadas por flores y pájaros de hermosos trinos. Fresca en las horas de más sol y tibia aun cuando la nieve se desliza ladera abajo, en esta casa habita Camila, una niña cuyo gran tesoro es un arpa hecha de madera preciosa, con cuerdas de oro. Es su única compañera y con ella alegra la soledad de la montaña.

El año anterior viajó acompañada de su abuela a la orilla del mar. Pasó la mayor parte del tiempo sentada en la arena dejando

vagar su imaginación. Nunca antes había visto el mar, siempre vivió en la montaña azul. Desde el primer instante en que escuchó el rumor del agua en las orillas, deseó quedarse para siempre junto a ese universo cristalino. Recordando que sólo estaría allí en vacaciones, quiso llevarse todo cuanto pudiera recordarle el mar. Recogió conchitas abandonadas, estrellas de mar y un caballito de mar. Un niño negro le regaló una gran concha de nácar, diciéndole que dentro de

ella habitan los ecos de la canción del mar
como regalo para quienes le aman.

La última noche que visitó las orillas
de su universo cristalino, arrancó distraídas
notas a su compañera el arpa. La brisa marina le traía la frescura y el aroma salado del
mar. Miró al cielo y en ese momento pasó
rauda una estrella fugaz. Ella pidió sentir
la caricia de la brisa del mar por siempre

y el arpa, con el deseo de complacerla, la aprisionó entre sus cuerdas.

Cuando la niña regresó a su casa en la montaña, quiso alejar la nostalgia tocando nuevamente el arpa. En ese momento se sintió transportada y volvió a sentir la caricia del mar en sus mejillas. Sus oídos se llenaron de rumores marinos. Feliz, preguntó al arpa cómo era posible esto, pero fue la brisa quien contestó: —fui aprisionada por las cuerdas del arpa.

El arpa se disculpó diciendo: —yo sólo quería ofrecerte momentos felices. La niña sólo tenía que hacer vibrar las cuerdas para sentir la brisa del mar. Estaba tan feliz que no percibió la tristeza que invadía a la brisa marina. Ésta le pidió: —libérame para poder volver al mar o de lo contrario moriré de tristeza— y dejó rodar sobre las doradas cuerdas del arpa gruesas gotas de agua salada. Camila fue tan feliz al disfrutar la brisa del mar, a pesar de estar tan lejos de él, que

a disfrutar del bienestar que le prodigaban sus caricias.

Pasó el tiempo y la niña permanecía, cada vez más horas, sentada en el balcón de su casita tocando el arpa. Las flores que antes habían alegrado las ventanas y la montaña azul, ahora se veían marchitas debido a que la brisa del mar salaba el aire.

Además era tanta la tristeza de la brisa marina que todo en la montaña empezó a tornarse triste. Los pájaros y las maripo-

sas se fueron a otros lugares. La niña, que se veía tan contenta, empezó a perder sus colores, y sus ojos lloraban lágrimas de sal que mojaban su falda.

El arpa hacía rato había empezado a perder sus acordes, y sus cuerdas doradas ahora lucían totalmente opacas. Una mañana la niña quiso escucharla, pero al primer intento de pulsar sus cuerdas, una de estas saltó, reventándose. La brisa del mar pudo

liberarse y con la voz debilitada, por tanto tiempo de prisión, habló a la niña agradeciéndole su libertad.

La niña se sentía triste al perderla, pero vio que, poco a poco, todo volvía a alegrarse. En poco tiempo las macetas de los balcones y las laderas de la montaña se cubrían de flores. Una mañana despertó con el concierto de los pájaros que retornaban a la montaña. Por su ventana entraban y salían juguetonas mariposas. En el silencio escuchó y descubrió una canción muy parecida a la brisa del mar pero más dulce. Hasta ahora no le había prestado atención; era la brisa de la montaña azul. La brisa del mar la esperaría donde debía estar; junto al mar.

El arpa recobró su brillo haciendo vibrar la brisa de la montaña azul con sus arpegios.

INÉS
CAMPOS JIMÉNEZ

Bogotá

Todos sus escritos van enmarcados dentro de un estilo triste, pero su tristeza es una tristeza tierna que despierta sentimientos que pocos escritos despiertan, pues están colmados de detalles que a veces nos inquietan y para ella son casi que costumbre inconsciente descubrir.

Nunca ha necesitado esforzarse para hacer de su obra algo especial, le concede importancia a lo que podría sentir un juguete que endulza la Navidad de un niño ansioso por el calor de su compañía, o lo que podría sentir un pequeño insecto que deambula entre la indiferencia de un mundo que necesita de la fantasía, percibendo siempre a los niños como los verdaderos descubridores de la belleza de la vida, haciendo de todos sus trazos sobre el papel algo que nos permite ver que la búsqueda de la felicidad no está en enormes y frías moles de cemento gris, sino quizá en casitas de azúcar cercadas de bellos jardines en donde se alojan mariposas, mariquitas, pájaros y, en fin, tantos seres que nos brindarían la felicidad que necesitamos.

Es egresada de la Universidad Pedagógica Nacional, donde obtuvo su licenciatura en Ciencias de la Educación, con Especialización en Ciencias Sociales.

CONTENIDO